BRANDING

a arte de construir
RELEVÂNCIA de marca

Marcos Hiller

2019

Marcos Hiller

Copyright 2019 - Marcos Hiller
Livro: Branding, a arte de construir relevância de marca
Registro: Fundação Biblioteca Nacional
Design da capa: Felipe Jacoto
Diagramação: Marcos Hiller

***

HILLER, Marcos. Branding, a arte de construir relevância de marcas, 2019. Marcos Hiller, 2019. Todos os direitos reservados.

Dedico esse livro a todxs xs mxs alunxs, que me fazem aprender muito mais do que eu xs ensino.

MARCOS HILLER   marcos@truestories.com.br

Tem 40 anos, natural de Belo Horizonte, e atualmente reside na cidade de São Paulo. Atua hoje como Diretor de Planejamento da TRUE STORIES, uma empresa que trabalha com projetos de posicionamento de marcas, pesquisa, storytelling, branded content e educação executiva em clientes como Ambev, Accor, Bauducco, Aché, entre outros.

Hiller ministras palestras pelo Brasil e exterior sobre inquietantes temas de seu interesse como: branding, consumo, cultura digital e tendências. Possui um mestrado em comunicação e práticas do consumo pela ESPM., onde também se formou em Adminstração de Markting. Atua como professor convidado de escolas de negócios como ESPM, FGV, FIA-USP, UVV, Saint Paul e SENAC/SC.

Você tem em mãos o quinto livro de Marcos Hiller, mas o autor já lançou outros 4 livros em sua trajetória: em 2012, seu primeiro livro "Branding: a arte de construir marcas" pela Editora Trevisan. Em 2014, online e de forma independente "ONdivíduos". No ano de 2016, "WALK missão 1 Nova York", seu livro sobre pesquisa de tendências de consumo que efetuou na cidade de Nova York, e em 2017, lançou a "WALK missão 2 Abu Dhabi".

Marcos Hiller é U2 maníaco, corintiano e um interessado em conhecer gente, culturas e lugares do planeta. Tem uma atração especial por bons cafés (coados, cold brews, etc) e cervejas estilo American IPA, APA e Belgians.

Índice

Só um segundinho	09
O retrovisor	12
Consumo & Marca	20
Marca & Posicionamento	28
Etapa 1	33
Etapa 2	36
Etapa 3	43
Etapa 4	47
Etapa 5	51
Warning: Branding	53
Os detalhes fazem as marcas	57
Depoimentos	60

THANK YOU...

...por adquirir meu livro. Espero que minha obra lhe seja útil de alguma forma. Conhecimento só vira conhecimento a partir do momento em que se compartilha. E é o que estou fazendo aqui: sharing my ideas! Lancei em 2012 "BRANDING: A ARTE DE CONSTRUIR MARCAS", meu primeiro livro, na Livraria Cultura em São Paulo. Uma noite especial e um momento inesquecível de minha vida. E agora você tem em mãos, ou na tela do seu tablet, laptop ou smartphone mais um livro que produzi. Aliás, hoje é assim que uma boa parcela de pessoas lêem: na tela. A leitura não vai morrer nunca, mas há quem diga que os livros de papel tendem a falibilidade. A versão online desse meu novo livro, como você bem percebe, não pesa na mochila e não faz doer as suas costas. Livro de papel corre o risco de pegar fogo. Livro de papel ocupa espaço físico. E o livro digital não pesa, não dói e ocupa pouquíssimo espaço nas nossas cada vez mais espaçosas nuvens digitais e Google Drives da vida. Eu adoro o livro digital.

Dado esse meu breve olhar como um entusiasta dos novos formatos online, vale um outro breve aquecimento sobre as bases conceituais que sustentam essa minha nova obra. Parto da premissa que nenhum autor de livro é unanimidade. Todos eles, há quem goste e há quem não goste. Lipovetsky tem fãs e tem haters. Santaella tem fãs e tem haters. Karnal tem fãs e haters. Bauman também, tem fãs e muitos haters. Eu gosto de tentar provar, pelo menos um pouco de cada um deles todos, e procuro extrair os argumentos que pra mim fazem mais sentido e me dizem algo consistene. Por exemplo, já faz mais de dez anos que o sociólogo Zygmunt Bauman (RIP) constatou que o celular instalava no ser humano a capacidade de "estar ao lado e não estar junto". Isso em uma época em que os smartphones ainda não eram presentes e essenciais como hoje em dia e acessar a internet pelo celular era para pouca gente. Foi também Bauman quem, pela mesma época, disse que o ponto central das relações mediadas pela tecnologia não era a possibilidade de se conectar com gente nova, mas a de se desconectar delas, bloqueando-as, desfazendo um amizade, recusando-lhes uma ligação, não abrindo uma mensagem de texto, etc. Momentos de nitidez e de crítica como esses que nos deixam desconcertados, que nos fazem ver a realidade do dia-a-dia com outro olhar.

É cada vez mais rara a capacidade de se surpreender com o cotidiano e dos fatos corriqueiros extrair reflexões pertinentes. Eu não sou sociólogo, e nem tenho a pretensão de estabelecer um tratado teórico sobre as marcas e o consumo aqui, e creio que tudo isso pode fazer desse livro algo que tende a ficar mais relevante. Porque tentei, de verdade, não inserir as amarras cansativas (mas essenciais) do texto acadêmico tradicional e, no entanto, tentei imprimir lucidez, crítica e, claro, parcialidade.

Os textos aqui presentes, provavelmente por terem sido pensados em sua maioria para a web, têm um ritmo interno mais veloz, uma dimensão abreviada e sintética, mas com um tom de posicionamento bem delimitado, de modo que se trata de um texto que busquei fazê-lo adequado a esse nosso mundo contemporâneo. É um livro pra ler onde quiser, na palma da mão, em um café, no metrô, andando na rua, na mesa do bar tomando um chope.

As marcas, o consumo e a presença do digital em nossas vidas são três tópicos por si só vastos, mas que se entrelaçam o tempo todo. Espero que o maior valor desse meu livro talvez seja justamente flagrar essas três esferas no momento exato em que se misturam em uma só. E essa fusão se dá precisamente no comportamento humano, nas atitudes individuais de pessoas conhecidas, na nossa relação com as marcas, nas minhas próprias rotinas e também nas cenas anônimas que eu observo e tento analisar com sagacidade. Quando olhamos ao nosso redor, as marcas estão em todos lugares, tudo tende a virar assunto, tudo vai se transformar em análise, tudo deve ser exemplo deste tempo em que vivemos, marcado pela lógica do consumo, pelo culto às marcas e pela irreversível transversalidade do digital.

Só um segundinho...

Em um segundo acontece muita coisa.

Por Marcos Giannotti

Na internet, por exemplo, 8.200 tweets são enviados num piscar de olhos, mais de 75 mil vídeos são vistos no YouTube ou, se nos atermos ao mecanismo de busca mais acionado no mundo, são feitas quase 70 mil pesquisas no Google. Um segundo no Facebook representa muita movimentação. Em média, 8.500 comentários são postados, 4.800 status são atualizados ou ainda mais de 2 mil fotos são publicadas. Você, que está lendo este texto neste instante, pare só um pouquinho e conte aí:

um... Pronto, mais de 7 milhões de e-mails foram enviados. Considerando toda a rede, foram gerados 62,3 GB de tráfego de dados na internet. Isso mesmo, a cada segundo, observado em uma visita aleatória ao site Internet live stats. Esse mesmo segundo é o tempo que separa a abertura ou não de uma mensagem na sua timeline. Imagina o tanto que você recebe de mensagens comerciais e pessoais. É uma loucura que há muito pouco tempo era inimaginável.

A arena online representa uma batalha feroz das marcas por cada segundo da atenção dos consumidores. Esse segundo que representa a preferência das pessoas e o desejo que ele se repita pela maior quantidade e pelo maior prazo possível. Quanto mais relevante este segundo é para um consumidor, mais uma marca se diferencia e pode voltar a se relacionar com ele.

Em um segundo, pode estar a distância entre o sucesso e o ostracismo, o amor e o ódio a uma marca. Aquele mesmo segundo que inspirou uma ideia matadora, que viralizou, pode ser o mesmo que impulsionou o comentário indevido, que causou muitos problemas, reclamações e até mesmo o fim de um relacionamento. É preciso cuidado e atenção aos detalhes. Um segundo é o tempo que você tem aquele impulso e decide escolher uma marca. Ou pode ser aquele lampejo que uma pessoa tem no ápice do prazer, por exemplo, em ser reconhecida em público pelos objetos que possui ou pela sua influência: a indicação de um bom vinho português do Douro, o último modelo do iPhone ou a grife de roupa e dos acessórios que está vestindo. É o momento que traz reverberação e aceite às escolhas que fazemos.

É deste segundo que este livro trata. Fala de posicionamento das marcas, como elas são percebidas e se tornam relevantes para as pessoas. Como fazer que a sua marca seja lembrada naquele que eu chamo de "momento mágico", aquele impulso que faz uma pessoa decidir por uma marca e não por outra. Ou para reafirmar o prazer pelo acerto ao fazer as suas escolhas. O Hiller é mestre em dizer como as marcas devem ser consistentes e trabalhar sério para conquistar a atenção e a relevância por parte de seus consumidores. "Pesquisa, pesquisa, pesquisa; disciplina, disciplina e disciplina..." Lembro bem das palavras que ele proferiu quando fiz um de seus cursos sobre estratégia de marca, que guardo como princípio de entendimento sobre Branding.

Como diria o pesquisador e professor referência nos estudos das mídias, Henry Jenkins, em seu livro Cultura da Conexão: "aquilo que não se propaga, morre". É preciso trabalhar duro para posicionar uma marca de sucesso. E mais duro ainda para mantê-la relevante para seus consumidores. Desfrute de cada segundo da leitura deste livro. E lembre-se de não deixar de cuidar da sua marca um segundo sequer.

Marcos Giannotti é mestre e doutorando em comunicação social pela UMESP. Atua também como professor e consultor em marketing, design estratégico e inovação.

1

O RETROVISOR

Para compreender o hoje, olhe pelo retrovisor. Esse livro é sobre as marcas, fala de consumo e tenta nos ajudar a entender o contemporâneo. E para compreender com precisão qualquer fenômeno do mundo hoje temos que olhar pra trás, recorrer ao retrovisor da História e, dessa forma, encontrar as bases essenciais que justificam os ocorridos de hoje.

Para se compreender a origem das marcas, por exemplo, não é diferente. Temos que voltar há cerca de 200 anos, por volta de 1800, século XIX. Naquela época, as duas cidades mais populosas do planeta eram Paris e Londres. Todo mundo queria estar lá por uma série de razões mercantis, culturais, sociais e econômicas. Só que essas duas metrópoles naquela época não eram como elas são hoje obviamente. Londres ainda se reconstruía de um incêndio que destruíra a cidade tempos atrás. Já Paris era uma cidade caótica, imunda, feia, fedorenta, suja, esgotos a céu aberto, mal iluminada, pessoas atropeladas por carruagens e um problema sério de saúde pública na capital francesa. Mas mesmo assim, por uma série de razões, era cidades muito magnéticas e todo mundo se atraía para estar lá.

Até em que meados do século XIX, Napoleão III contrata um novo prefeito para Paris, o famoso urbanista Barão de Haussmann, que provoca uma revolução na cidade. Georges-Eugène Haussmann foi um advogado, servidor público, político francês e, a partir do Arco do Triunfo, ele planejou uma nova cidade e literalmente rasgou Paris em doze largas avenidas. Desse modo, fez nascer uma nova cena urbana diante dos olhos das pessoas. Novas ruas, avenidas largas, calçamentos imensos, largos espaçosos, lindos jardins, boulevares, entre outras transformações urbanas e arquitetônicas. Na famosa Avenida de Champs Elyssès, as pessoas podiam caminhar e desfilar pelas calçadas (com distância de 70 metros de um lado da avenida até o outro).

A moda ganha uma potência nesse momento e democratiza-se a preocupação com o que se veste e como se porta. Nasce o que conhecemos hoje como modernidade, nasce a cidade moderna. Muitos dos aspectos e hábitos sociais que temos hoje no nosso dia-a-dia, tem com gênese essa Paris do século XIX. Por que saímos à noite para jantar, vamos em um restaurante e pedimos um cardápio para um garçom? Esse hábito nasce em Paris. A forma como nos vestimos, nos portamos ao sentar em uma cadeira, a forma como as mulheres jogam o cabelo de lado, tudo isso têm Paris como sua pedra de toque. Ali ao lado em Londres, uma revolução industrial avassaladora ganha seus alicerces, e muda completamente a forma como o homem se apropria do processo produtivo industrial. Muitas coisas nascem em Londres, o hábito de nossa vida em apartamento, o surgimento de edificações em concreto armado ganha força nessa época, além de outras transformações capitaneadas pela engenharia humana.

O consumo nasce nesse momento. E entenda consumo aqui não como o ato da compra ou algo relacionado a adquirir coisas. O consumo como um sistema central de nossa vida cotidiana que classifica pessoas, que determina nossas semelhanças, diferenças, que classifica produtos, serviços, mercadorias. O consumo sim como um fato central de nossa sociedade. O consumo aqui como um modulador de nossas identidades. O consumo não de bens, mas o consumo de modos de ser e estilos de vida.

O vidro surge nessa época e as lojas com vitrines nascem nesse momento histórico. Os três grandes magazines de Paris inauguram-se e estão lá até hoje no mesmíssimo endereço: a Printemps, o Le Bon Marché e as Galerias Lafayette, que merece um olhar mais profícuo de nossa parte. Mais precisamente no ano de 1893 Théophile Bader e seu primo Alphonse Kahn, ambos nascidos na região da Alsácia, inauguraram uma loja cheia de novidades na esquina da rue La Fayette e da Chaussée d'Antin, em Paris. A sua localização privilegiada, perto da Ópera Garnier de Paris e das Grands Boulevards, assim como um novo conceito de compras que estimulava os consumidores a caminharem ao longo de seus corredores, secções, contribuíram para que a loja se tornasse algo marcante naquele momento histórico. Já no ano de 1896, eles cresceram ainda mais e adquiriram todo o prédio n°1 da rue La Fayette. No ano de 1905, os prédios n°38, 40 e 42 da Boulevard Haussmann e n°15 da rue de la Chaussée d'Antin também foram obtidos e incorporados à loja. Renomados arquitetos e engenheiros da época desenharam uma cúpula de vidro e aço e escadas ao estilo Art Nouveau cuja construção terminou em 1912. Joga no Google e dê uma olhada nesses espaços absolutamente suntuosos e vistos como verdadeiros templos do consumo. As Galerias Lafayette ainda são hoje a mais importante e mais emblemática loja de departamentos da cidade de Paris, e tem como slogan: "Ici, la mode vit plus fort." ("Aqui, a moda vive mais forte.")

O conceito da loja, o conceito do shopping, etc. surge nesse momento. A publicidade nasce nesse instante, com os primeiros cartazes afixados nas paredes com as peças de teatro de Paris. E é claro, as marcas nascem nesse momento. As marcas comercialmente falando. As pessoas sentiram necessidade de criar aspectos identitários e discursivos para se diferenciar e se comercializar produtos, bens e mercadorias.

Do outro lado do Canal da Mancha, no início do século passado em 1909, inaugura-se em Londres a Selfridge's, a primeira grande loja de departamento no Reino Unido, mais precisamente na Oxford Street. Ali criou-se o hábito de fazer compras como algo mais divertido e uma espécie de forma de lazer, e não apenas uma tarefa cotidiana. Isso levou a transformar a loja de departamento num potente marco social e cultural que fornecia um espaço público onde as mulheres, por exemplo, podiam se sentir bem, confortáveis e cuidar delas mesmas. Para enaltecer a importância da criação de um ambiente realmente mais acolhedor, a Selfridge's colocava as mercadorias à vista dos freguesos para que eles pudessem avaliar com os seus próprios olhos. Eles inovaram também colocando o balcão de perfumes (sempre um dos mais rentáveis) para a entrada da loja. Claro que essas técnicas de visual merchandising foram adotadas por uma boa parcela de lojas de departamento mais modernas em todo o mundo. E ainda hoje é o vemos em lojas do cotidiano de nosso varejo brasileiro como C&A, Renner e Riachuelo. Tudo isso tem como gênese Paris e Londres do século passado.

Muitos dos hábitos cotidianos e de nossa vida nascem nessa época. Por que temos um banheiro dentro de nosso quarto hoje em dia e vivemos em uma suíte? Essa prática arquitetônica social de espaços e ambientes nasce em Paris. Até mesmo o consumo de drogas nasce na capital francesa e inglesa nesse momento histórico, o consumo de haxixe, particularmente falando, e o surgimento de pessoa entorpecidas andando pelas ruas. O sentimento de se caminhar pela rua e perceber que alguém está te observando também nasce aqui. A moda nasce nesse momento. O próprio olhar do clássico cidadão parisiense, que Walter Benjamin bem chamou de flanêur em suas obras, aparece nesse momento histórico.

O flanêur significa "errante", "vadio", "caminhante" ou "observador". *Flânerie* é o simples ato de passear, caminhar, vagar pelas ruas. O flâneur era, antes de tudo, um personagem, um tipo literário do século XIX, na França, sendo essencial usá-lo para se descrever qualquer imagem das ruas de Paris dessa época. Esse termo carregava um rico aspecto de significados correlatos: o homem do lazer, um certo tipo de malandro, a explorador da cidade e o conhecedor da rua. E foi Benjamin, baseando-se na poesia de Charles Baudelaire, que fez desse ator-social um objeto central de interesse acadêmicos no século XX, como um emblemático arquétipo da experiência moderna.

***

Entender as lógicas da marca hoje em dia exige de nós compreender a fundo as lógicas do contemporâneo previamente, pelo simples fato de as marcas serem muito astutas e saberem ler o nosso entrono como ninguém. As marcas são grandes especialistas em compreender, analisar e interpretar o mundo que habitamos. As marcas sabem compreender as nuances culturais, políticas, sociais e econômicas que regem as nossas vidas, e a partir desse profundo entendimento, capturam insights, achados e findings de pesquisa, encapsulam tudo isso com um discurso e jogam de volta em nós por meio da publicidade. Simples assim. Por isso, é fundamental que dediquemos o início desse livro a um olhar sobre o mundo contemporâneo, e devemos fazer isso com o máximo de esmero e com a nossa lupa mais bem ajustada possível.

Bem, para compreender as marcas precisamos entender o mundo em que vivemos. E olhando o retrovisor da nossa história recente, vemos que nas últimas cinco décadas, a sociedade contemporânea foi modelada por meio de mudanças e transformações muito intensas no âmbito social, cultural e econômico. Após os anos 60 e 70, marcados por prolongados tumultos sociais e pela emergência de novas culturas e novas alternativas de vida, viu-se as novas formas de consumo e de tecnologias adentrarem o mundo do trabalho e interferirem também de forma decisiva nas rotinas da vida cotidiana. A partir do surgimento de aparatos como a TV a cabo, o videocassete e o computador pessoal, e principalmente da forma como as pessoas se apropriam socialmente deles, acelerou-se a disseminação e o aumento do poder da penetração das marcas, dos anunciantes, sobre o surgimento de uma nova forma de cultura veiculada pelas mídias. Essas mudanças são evidenciadas nas mais diversas esferas da sociedade, por exemplo, as celebridades de certo modo substituem a família como árbitros de gosto, pensamento, estilo, comportamento. Os indivíduos interagem com novos fluxos de imagens e sons dentro de suas casas, configurando um novo mundo virtual de entretenimento, comunicação e o consumo de marcas, produtos, mercadorias, imaginários, estilos de vida e modos de ser, até então desconhecidos. Trazendo nosso olhar para os dias atuais, podemos citar a Netflix como grande entendendor das nossas rotinas de vida, cada mais aceleradas e standartizadas, e nos entregam aquele conteúdo mágico, vasto, que supostamente nos intelectualiza, nos socializa e criar um escapismo tão necessário para um certo grupo de pessoas.

    Já nos anos 1970, começam a surgir argumentações de que a modernidade estaria acabada, por exemplo, quando alguns pensadores acreditavam que as sociedades contemporâneas, com suas novas tecnologias, novas formas de consumo cultura e novas experiências do presente, constituem uma quebra em relação às formas modernas de sociedade. Revela-se diante dos olhos dos cidadãos um espantoso desenvolvimento, uma decisiva novidade da aventura humana, protagonizada pelo computador e pelo ciberespaço. Alguns pensadores intitulam esse momento como a chamada pós-modernidade, onda a chamada modernidade havia implodido, e tínhamos então rupturas no campo das artes, da arquitetura, do design, do consumo e até mesmo no nosso papel de indivíduo como sociedade. As próprias perspectivas téoricas pareciam não dar mais conta de buscar respostas esclarecedoras. Eram necessários novos olhares. As perspectivas teóricas vigentes não davam de nos oferecer respostas claras para compreender o que estava acontecendo diante de nossos olhos. Há ainda autores que rechaçam essa perspectiva do pós-moderno (ou da chamada hipermodernidade) afinal ainda vivemos na modernidade. E o que viria após a pós-modernidade? Estranha essa nomenclatura do "pós" e um tanto quanto reducionista sobre o mundo em que vivemos. Há muitos que criticam esses novos e edulcorados termos para tentar insistentemente nomear a época em que vivemos (e vender livros e palestras).

    Passados esses períodos de uma suposta implosão da modernidade, chegamos aos anos 2000 quando se pode afirmar que temos mais formas de comunicação do que em qualquer outro momento da história. Alguns autores realmente acreditam que a modernidade acabou e vivemos hoje a chamada pós-modernidade, um novo momento diante de nossos olhos. Aliás, é tarefa árdua compreender a época vigente e termos clareza do que realmente vivenciamos ao nosso redor. O peixe só se dá conta que vive dentro da água quando está fora dela morrendo sem respirar. Somos peixes dentro da água, e estamos no meio do turbilhão vendo tudo acontecer. No entanto, muito mais do que simplesmente classificar os novos ambientes de aceleração, fulgurância mercantil e produção midiática, devemos tomar essa produção como ponto de partida para compreender a sociedade contemporânea e, é claro, as marcas.

2

CONSUMO & MARCA

Estamos o tempo todo diante de telas, de painéis, de tecnologias touch-screen, e entramos no epicentro da era do consumo simbólico. Vive-se em um mundo de histórias que se iniciam e não finalizam, e cada vez mais interligado por intercâmbios de uma natureza essencialmente mercadológica. Todos os lugares se convertem em espaços de compra e venda. As sociedades vivem hoje um processo de reorganização, sobretudo no âmbito cultural, social, econômico e político, e fica muito evidente como esses fenômenos tecnológicos, como a explosão de redes sociais, por exemplo, acelera a dinâmica das relações, onde posso postar tudo que eu quiser, onde eu quiser e na hora que quiser. Não queremos mais estar sucumbidos na impessoalidade da massa, pois agora quero estar conectado apenas com pessoas e marcas que ajam como eu ajo. Estamos inseridos no chamado Turbocapitalismo, uma saborosa mistura de Blade Runner, uma medida de Jetsons, com 2 xícaras de Segredo do Abismo, 3 colheres de Avatar, uma pitada de Matrix, e um toque final de

Avengers. E é dentro desse contexto dinâmico, não-linear, incompleto, mutável, hesitante e veloz que iremos discutir e nos debruçar sobre as marcas.

Vive-se hoje em um verdadeiro universo de ficção científica, onde as máquinas falam e os homens se comunicam (entre si e com as marcas) por meio de próteses artificiais, disse certa vez, Lucien Sfez, um prestigiado teórico do campo da comunicação. Conversamos com as marcas. Marca é gente hoje em dia. Nos relacionamos com empresas, gostamos de algumas marcas, e não gostamos de outras. Há quem acredite que amamos algumas marcas, e até mesmo odiamos outras. Com números de vendas exponenciais, os chamados gadgets como smartphones, tablets, laptops etc., rapidamente se tornaram indispensáveis na vida atual. Erick Felinto, outro importante teórico da comunicação, professor da UERJ, nos diz que quando alguém compra um iPhone, por exemplo, está não apenas adquirindo um aparato tecnológico, como também vivenciando certo estilo de vida (digital) e se inscreve num imaginário tecnológico que enfatiza as ideias de inovação, elegância e distinção econômica. A compra de um iPhone nos ajuda a contar pro mundo quem somos, quem não somos, quem gostaríamos de ser. Felinto usou aqui o exemplo do iPhone, mas podemos citar quaisquer outras marcas como Heineken, Netflix, Facebook, Nestlé, Gillette, Instagram, Melissa, Adidas, Trident, Shell, e tantas outras que nos ajudam a construir essas narrativas em nosso dia-a-dia. E é por meio do consumo de marcas no dia-a-dia que construímos nossa identidade, nosso estilo de vida e o nosso estar no mundo. Desse modo, entende-se que as identidades são fortemente moduladas pelo aspecto simbólico das marcas de bens de consumo aos quais se tem acesso.

Mas consumo não pode e não deve ser confundido com consumismo. O consumo é conceito importantíssimo para quem estuda marcas, pois se trata de um potente fator que modela e modula o nosso estar em sociedade. O consumo é o que nós somos, e sobretudo o consumo de marcas. E o consumo é também o que nós não somos. Lembrando que negar o consumo também é uma espécie de consumo. Para compreender com a devida complexidade este fenômeno social chamado consumo, e entender como ele contribui de forma decisiva para estimular até mesmo a formação de nossa identidade e a forma como nos relacionamos com marcas, é necessária uma reflexão mais profunda.

Esse olhar distinto sobre o consumo, com o viés que pretendo trazer no começo de meu livro, começou a protagonizar de forma mais incisiva o nosso cotidiano no século XIX, e se tornou um fenômeno essencial à existência de qualquer sociedade, pelo fato de ser um sistema que a atravessa a atual cena contemporânea que vivemos de maneira inapelável. Dessa forma, não defendo o fenômeno do consumo como uma prática do contemporâneo, apenas, mas que ele ganha destaque a partir deste período, passando a caracterizar nossa era como a era do consumo. Consumo é um conceito extremamente plural, estudado por diversas áreas do conhecimento. Mas o olhar que trago aqui é entendermos o consumo à luz das ciências sociais, mais precisamente da antropologia. Nesse sentido, podemos entender o consumo como algo central na nossa vida cotidiana, e que ocupa, constantemente o nosso imaginário. Everardo Rocha, antropólogo da PUC Rio, nos ensina que o consumo assume lugar primordial como estruturador dos valores e práticas que regulam relações sociais, que constroem identidades e definem mapas culturais.

As próprias marcas, produtos e mercadorias que nos rodeiam sempre adquiriram significados culturalmente falando, e também historicamente, na medida em que foram e são utilizados para reproduzir as nossas identidades, nossos gostos, nossos atos. O consumo de marca é um dos mais imediatos elos de ligação com nossas memórias afetivas mais distantes. E toda e qualquer prática do consumo é cultural porque sempre abarca significado e porque esses significados envolvidos são compartilhados. Todas as manifestações do consumo são culturalmente específicas, aliás é esse uma das principais peculiaridades percebidas nos mais diversos fenômenos de cidades que transitamos. Por meio dessas formas de consumo culturalmente específicas que produzimos e reproduzimos culturas e relações sociais. E essa tal reprodução social é transferida da cultura tradicional para o mercado, para as marcas, para as lojas, onde os modos de vida indicam um modelo cultural constituído essencialmente de estéticas, representações, signos, mídia e que escoa no mundo que habitamos. Entendeu?

Portanto, nesse livro, parte-se da premissa que a cultura do consumo é um meio um tanto quanto privilegiado para se entender a nossa identidade, a nossa relação com as marcas e o status vigente na nossa sociedade, e representa uma importância latente de uma cultura como exercício de cidadania e poder. Vivemos em uma sociedade que consumir é algo central, afinal quem não consome, não existe em nossa sociedade, e negar as marcas é negar o consumo, é negar o nosso estar no mundo. E as marcas presentes em nossas vidas obedecem a essas lógicas.

A marca hoje em dia não se limita a estampar nomes em produtos, mercadores e garrafas de refrigerantes. Grandes cidades do mundo passaram a ser uma marca como o I AM STERDAM, BE BERLIN e até mesmo I LOVE NY, onde claramente inicia-se um trabalho nesse sentido, a trabalhar um discurso de cidade global em torno de um conceito. Assim como as grandes marcas se utilizam de uma poderosa identidade visual ao transformar seu conceito em cultura por meio de uma vasta variedade de canais, as cidades que adotam essas estratégias do chamado "place branding" também usam lógicas similares.

A marca é algo muito amplo e complexo. E ao analisarmos o nosso redor, a nossa vida, a atual cena digital e forma como nos relacionamos com marcas e, sobretudo, as nossas onipresentes timelines, passamos a perceber os fenômenos do consumo como uma série de comportamentos que coletam e expandem, no âmbito privado dos estilos de vida, as mudanças culturais da sociedade em seu conjunto, pois por intermédio das práticas de consumo, nós reparamos e reconfiguramos nossos modos de ser e de estar no mundo. E claro que as marcas são elementos essenciais em todo esse processo. E quando digo consumo aqui não dizendo apenas sobre consumir coisas tangíveis, ou compra de mercadorias. Consumimos o tempo todo, consumimos coisas sim também, claro. Consumimos um sapato, uma bolsa, mas consumimos também Netflix, consumimos uma viagem (nossa ou de terceiros), consumimos um festival de música, consumimos filmes, consumimos modos de ser, estilos de vida, consumimos a vida das outras pessoas. Consumimos redes sociais boa parte de nosso dia, ao passarmos o dedo por timelines de Instagram e Facebook por exemplo, estamos ali consumindo narrativas e jogos discursivos que nos inscrevem nos mais diversos imaginários. E claro, ali consumimos marcas. Consumimos a sensação de pessoas ao consumirem coisas. Quando consumimos uma obra de arte, consumimos o rastro do gesto do artista, disse Arnaldo Antunes em seu mais recente documentário autobiográfico no Netflix. Eu amei. Assista!

Por meio do consumo (sobretudo, de marcas), estimulamos nossos sentidos, pois o consumo nos ajuda a dizer para o mundo quem somos, quem não somos, quem desejamos ser. Até mesmo negar o consumo de marcas, negar o sistema capitalista (e ser uma espécie de pessoa anticonsumo) é um de tipo de consumo. Negar o consumo é uma espécie de consumo também. Quando entendemos que o consumo modula e modela nossa vida cotidiana, entendemos que o consumo é algo central na definição da sociedade contemporânea. Entende-se o consumo aqui como uma apropriação social, simbólica e sinérgica que se dá entre pessoas, bens, produtos, marcas e mercadorias e, sem dúvida, como uma alavanca fundamental na construção de identidade de quem nós somos. Consome-se e comunica-se o tempo todo na vida cotidiana contemporânea. Ao adquirir uma determinada marca de uma lata de refrigerante ou uma marca de maço de cigarros, ou ao assistir uma telenovela e até mesmo quando se navega em um site de rede social digital, se está consumindo e comunicando algo. O consumo (de marcas, essencialmente) pode ser entendido como um ato de se inscrever socialmente. Comunicando por meio do consumo podemos legitimar nosso pertencimento a um grupo específico. No caso das classes menos favorecidas, a porta de entrada para o consumo digital costuma ser o celular, seguido pelo computador em casa, na escola, no trabalho.

A minha intenção aqui é atualizar os meus pensamentos sobre as marcas. E para isso, apresento uma reflexão sobre as transformações digitais que permeiam o ambiente comunicacional contemporâneo, protagonizadas pelos sites de redes sociais digitais e pela presença das marcas em nossas vidas.

Em 1964, o visionário professor Marshall McLuhan disse que "na espaçonave Terra, não há passageiros, somos todos tripulação". Impressionante a nitidez da fala do pesquisador canadense, que estaria hoje com um pouco mais de um século de vida, em trazer uma visão tão lúcida e contemporânea como essa já na década de 60. E essa célebre frase de McLuhan traduz de forma muito pertinente esse verdadeiro universo de ficção científica que vivemos hoje e onde as marcas habitam. Não somos meros passageiros passivos e olhando pela janelinha dessa imensa espaçonave, mas sim seres humanos altamente participativos, prontos para performar, e modulando o tempo todo a cena em que estamos inseridos.

Vivemos hoje em um mundo conectado, mas norteado pela constante interrupção. Ao mesmo tempo que estamos hiperconectados, somos interrompidos o tempo todo por toques, notificações, pop-ups, sirenes e alarmes. Estamos em um mundo veloz, sintético e ansioso, regido por agora 280 caracteres. Se concentrar por mais de 20 minutos em uma única atividade é tarefa para poucos. Os jovens, ou os chamados nativos digitais, só conseguem ser criativos com 32 abas abertas em suas telas, com a TV ligada, passando o dedo pelos Stories do Instagram, jogando e com Spotify no ouvido. Eu que nasci no de 1978 me sinto meio privilegiado, pois nasci em uma era analógica e estamos migrando para uma era mais digital. Essas novas gerações de jovens já nasceram dentro do processo digital, e incorporam plenamente essas tecnologias e as colam ao corpo como um elemento a mais de suas roupas: calças, jaquetas e mochilas são fabricados com lugar para o celular. A moda faz com que a corporabilidade abrigue as tecnologias. Quando chego diante da porta de um shopping e ela se abre sozinha, ou quando abro meu carro como o botãozinho e o bip do chaveiro, não é o chaveiro que está abrindo a porta, é meu corpo, é uma extensão do meu braço, como se eu fosse Anakin Skywalker, provido de uma força sobrenatural.

Estamos entrando de forma contundente numa nova cultura do espetáculo, em uma nova configuração da economia, sociedade, política e vida cotidiana, que envolve novas formas culturais e de novos modelos de experiência. "A chamada era da informação é, na realidade, a era do excesso de informação", disse com muita serenidade Paulo Vaz, pesquisador da UFRJ, há 10 anos. Nosso cérebro e nossa cognição simplesmente não dão conta de tamanho volume de informação que nos tenta impactar por dia. Por exemplo, um exemplar da edição de domingo do The New York Times contém mais informação do que a absorvida ao longo da vida por um indivíduo culto no século XVIII. E vamos debater marca aqui nesse contexto dinâmico e com máxima aceleração.

3

MARCA & POSICIONAMENTO

A cena digital é um ambiente muito fértil e abarca uma disputa voraz de pessoas destilando as mais desvairadas certezas de como se constrói uma presença de marca relevante nas redes. Todos os dias vão brotando em nossas timelines novos gurus e ditos pensadores com fórmulas mágicas prontas. Vivemos em um momento em nunca foi tão difícil posicionar uma marca como nos dias atuais. Construir uma real diferenciação de marca é algo cada vez mais árduo de se atingir, pois obter um diferencial realmente competitivo é algo praticamente impossível hoje em dia. Os mercados estão cada vez mais commoditizados e nossas fraquezas nunca estiveram tão expostas como hoje. Paralelo a isso, não sabemos mais de onde vêm as ameaças e as oportunidades de mercado são cada vez mais escassas. Sem contar de uma extrema saturação do atual ambiente publicitário, onde somos bombardeados milhares de vezes ao dia por um excesso de estímulos de marca, todas se estapeando para obter nossa valiosa atenção e se possível uma parada de dedo nossa em uma tela sensível ao toque.

Mas o que maioria das empresas não sabem que é não existe fórmula mágica, receitas prontas ou então algo enlatado que faça nossa marca decolar. Uma etapa essencial, obrigatória e fundamental que parece ser negligenciada por muitos pseudo-especialistas é o que chamo de etapa zero: o posicionamento de marca.

E o que é posicionamento de marca? É um conjunto de esforços estratégicos que se aplicam a uma determinada marca no sentido de se construir diferenciação e, com isso, uma certa relevância na vida das pessoas para as quais ela se destina. As marcas relevantes são aquelas que entenderam que a razão de ser delas está na perspectiva da vida das pessoas. E um trabalho de posicionamento de marca consistente modula a forma a marca é vista pelos seus consumidores.

Temos hoje no mercado diversas marcas bem posicionadas como Omo, Tang, Itaú, Nike, Netflix, Shell, Airbnb, Visa, Claro, Natura, etc., ou seja, marcas que contam suas histórias ao longo do tempo com muita consistência. Todas praticamente aqui citadas são marcas gringas, tudo de fora do Brasil. No hemisfério norte, a impressão que fica é que eles entendem mais de branding e posicionamento, e constroem marcas muito mais consistentes e relevantes. Aliás, anote essa frase: construção de marca é ter consistência em todos pontos de contato. Consistência é amarrar todos os seus touch-points e todos eles falarem a mesma língua. É ter um fio condutor discursivo coerente que alinhe a comunicação da sua marca na propaganda, no Instagram, no balcão da loja, no 0800, etc, etc, etc. Não é à toa que, nos principais rankings das marcas mais valiosas do mundo, como da Interbrand por exemplo, 100% das marcas são de fora do Brasil. Mas é claro que temos também marcas genuinamente brasileiras e bem posicionadas como BodeBrown, Insecta Shoes, Futuro Burger, Kiro, Booz, Whatafuck, Padaria Santa Clara (aqui perto da minha casa), entre outras.

Temos também marcas que se reposicionam lindamente como Havaianas, um chinelo que era uma espécie de atestado de pobreza, e hoje todo mundo usa. Heineken que era uma marca de cerveja amarguinha de tiozão, e hoje é marca de cerveja saborosa e que bebemos assistindo jogos Champions League. Aliás, tomar Brahma assistindo jogos europeus como esses causa uma certa estranheza e gera uma dissonância cognitiva em nós. Eu adoro Brahma, mas pra beber Brahma assistindo Corinthians X Ponte Preta. E sem falar de marcas coreanas, como Hyundai, que era marca de carro coreano esquisito, e hoje é carro lindo, com design incrível e que vende muito. E a Samsung então? Que era uma marca de monitor quadradão, e hoje é marca de smartphone e que incomoda muito a Apple. Quem poderia imaginar isso? Pois é. Qual a receita dessas mudanças bruscas de discurso? Simples: muita grana investida, muita gente competente lá dentro e milhares de horas de reunião sobre inovação e estratégia de marketing.

Se recorrermos à literatura, vamos encontrar diversas metodologias de construção de posicionamento de marcas. Se formos no mercado, também encontramos diversos outros métodos. A Coca-Cola criou o seu Positioning Guide, Unilever criou seu Brand Key, e Leo Burnett concebeu o Human Brand Purpose, ou seja, manuais e cartilhas desenhadas onde se pretende estabelecer um jeito de fazer. Mas a real é que boa parte desses métodos já conhecidos e consagrados possuem o mesmo chassi, ou seja, são muito similares.

Como se constrói uma marca? Como se obtém relevância? O que nossa marca deve fazer para ocupar um espacinho na mente de nossos potenciais compradores? Como magnetizar seguidores, fãs e assinantes para nossos canais? São questões desafiadoras e que demandam uma reflexão séria, profunda e responsável. Não existe receita de bolo nem mesmo há fórmulas prontas. O que existe é um trabalho exaustivo e que demanda preparação constante. Construir marca dá trabalho, leva tempo e custa grana. Não existe passe de mágica pra construir marca.

A questão básica é entendermos que o que faço com minha marca nas redes nada mais tem de ser que o desdobramento de um posicionamento estratégico pretendido. Um posicionamento bem feito de marca nos oferece uma lanterna para iluminar qual caminho iremos adotar nesses novos espaços online. Um trabalho bem feito de estratégia de uma marca pode sugerir, por exemplo, que nem seja hora nem momento certo ainda para ir às redes sociais.

Muito se conversa hoje em dia sobre posicionamento de marca, sobre reposicionamento, sobre melhores práticas, enfim, muito se fala sobre construção de propósito e de relevância de marca hoje em dia. E a minha intenção aqui é tentar arrumar a casa sobre o conceito de posicionamento e como se constrói efetivamente um trabalho de diferenciação e relevância de marca. Posicionamento não é necessariamente o que a minha marca falando para um mercado, mas sim aquele conjunto de esforços estratégicos que uma marca adota para construir diferenciação e relevância na mente dos seus consumidores. Seja lá qual for o mercado que você atue, cimentos, biscoitos, bebidas, automóveis, transformadores elétricos, desodorantes, móveis, relógios, celular, moda, varejo alimentício, farmácia, associações, não importa. A chance de você atuar em um dado mercado e você ser mais um player como qualquer outro é gigantesca. E dessa forma, fatalmente, você irá cair em uma guerra de preço. Partimos da premissa que 99% dos mercados hoje são saturados, pois já temos sempre outras várias empresas que trabalham melhor que você e as chances de construir diferenciação e vantagens competitivas hoje são cada vez mais difíceis.

Mas vamos lá. Ainda há uma esperança. Quando recorremos à literatura de marketing, vemos lá inúmeras maneiras de como se posicionar uma marca, e nos deparamos com dezenas de fórmulas, modelos e metodologias. Mas se colocarmos o nosso drone lá no alto e dermos um zoom out, o chassi de muito desses métodos é muito similar. E o que trago aqui é uma "licença poética" minha que utilizo no meu dia-a-dia e em minhas aulas.

Não tem porque reinventar a roda. Eu estruturei e desenhei um método de construção de posicionamento baseados nas metodologias mais contemporâneas. Oras, se preciso posicionar uma marca hoje em dia, devemos nos recorrer ao método também utilizado por marcas como Omo, Becel, Dove, Tang, Kleenex, União, Nike, etc, etc, etc. É um método universal, vale para qualquer tipo de marca, qualquer tamanho de empresa, pequena, média ou gigante, vale para B2B ou B2C, whatever. Vamos nessa? Quer posicionar uma marca? São 5 etapas que veremos a seguir.

Etapa 1

ESCOLHA UM CAMINHO

ELEJA UMA CONVERSA

Como o próprio nome já diz, se posicionar é adotar uma posição, é fazer escolhas, é eleger um caminho, uma conversa, um território, ou seja, selecionar uma determinada via necessita que se renuncie demais vias, certo? Não dá pra abraçar o mundo. Não dá pra falar que a sua marca de biscoito por exemplo é a mais gostosa, a mais sustentável, a mais premium, a mais barata, a mais vegana, a mais linda e a mais saudável. Não dá. Precisa escolher um território. Quem quer ser tudo não é nada. O que chamamos aqui de escolher um caminho é se apropriar de um atributo funcional de sua categoria. Posicionar uma marca é fazer escolhas, é estabelecer uma conversa, e essa primeira etapa passa por isso.

Todo trabalho de branding tem como etapa inicial o que chamamos de uma desk research, ou seja, um mapeamento inicial de seu mercado. Quem são os players? Quais as marcas mais relevantes e o que elas dizem? Como está plotada a sua arena competitiva? Oras, e como descobrir tudo isso? Vai no Google, faça pesquisa, vá a campo, vai pra rua, conversa com consumidores. Construção de marca é gastar sola de sapato! Não fique só no Google e no ar condicionado não. Tem que ir pra rua!

Por exemplo, na categoria desodorantes, ao se fazer um bom mapeamento de mercado, as marcas existentes podem, basicamente, se apropriar dos seguintes atributos funcionais: perfume, cuidados para a pele, tempo de proteção. E ao analisarmos o portfolio da Unilever, sabemos que Dove se apropria do atributo "cuidados com a pele", Rexona decidiu falar de "tempo de proteção" e Axe fala de "perfume". E qual o critério de escolha desse caminho? Tudo depende de uma decisão do seu business baseado em uma escolha estratégica, baseado em esforços exaustivos de pesquisa, baseado em matriz BCG, matriz SWOT e demais ferramentas do marketing estratégico. No segmento de esportes, Nike conversa conosco sobre "performance", Adidas fala de "moda", Asics ocupa o território de "conforto", Olympikus fala de "preço" e Under Armour decidiu ocupar o território de "tecnologia". Cada um no seu quadradinho, certo? Posicionar é eleger um território. Posicionar é fazer escolhas, é determinar uma conversa. Qual? Aquela que você acha que pode ser mais competitivo. Basicamente isso.

E esse processo exige eventualmente algum tipo de dor, pois quando fazemos escolhas temos de renunciar caminhos, e isso nem sempre é bom. Mas temos que, a partir de um processo de estratégia, escolher um atributo funcional onde entendemos que podemos ser superiores. É uma decisão estratégica da empresa, é uma escolha do business.

Usarmos como munição todas as ferramentas que o Marketing Estratégico é algo essencial. Análise SWOT está viva e passa bem. É uma ferramenta, se bem construída e bem utilizada, que nos oferece achados importantes e escancara elementos essenciais sobre nós e sobre o mercado. Matriz BCG é ainda absolutamente essencial para se tomar decisões sobre portfolio de marca, onde se investir e onde não se investir. Outras matrizes, gráficos, ferramentas que aprendemos com nosso professor de marketing devem ser usadas sem timidez aqui. Capriche na sua desk reserach e dê um belo de um deep dive no seu mercado. Leia tudo que encontrar sobre esse determinado mercado. Mas seja criterioso com o que lê. Busque fontes sérias e confiáveis.

Caso você gerencie o lançamento de uma marca de sabão em pó e conseguiu uma pesquisa que lhe indicia que o atributo "perfume" será um atributo relevante no Brasil pelos próximos anos em uma determinada região, se aproprie dessa conversa sem titubear. Se sua empresa conseguiu desenvolver uma tecnologia única de remoção de manchas que só vocês têm, oras, se aproprie dessa conversa. Finque o que seu pé naquilo que você entende que pode ser competitivo e, dessa forma, construa diferenciação. Não queira entrar na mesma conversa que o líder de categoria entra, além dele provavelmente te esmagar, caso você inicie uma conversa similar a dele, você constrói marca não pra você, mas de graça pra ele. Imagine você colocando dinheiro na comunicação da sua marca e crescendo os índices de brand awareness de seu concorrente? Vai justificar isso pro teu chefe como? Take care!

Etapa 2

MERGULHE NO SEU CONSUMIDOR (POR MEIO DA PESQUISA)

Decidido qual o atributo funcional que você escolheu na etapa número um, agora devemos usar uma das ferramentas mais importantes do processo de construção de marca: a pesquisa de mercado. Pesquisa! Pesquisa! Pesquisa! Use sem moderação!

Construir uma marca e não se cercar de esforço de pesquisa é algo que não faz muito sentido. Mesma coisa que um médico que toma decisões sem analisar um exame de sangue do paciente. A pesquisa qualitativa costuma ser, nesse momento, um dos principais métodos investigativos que trará todos os direcionamentos essenciais para se pilotar estrategicamente uma marca.

As marcas existem para gerar lucro para seus acionistas? Sim. Mas as marcas também podem e devem existir para se tornarem um propósito na vida das pessoas. As marcas devem tocar a vida de seus consumidores. As marcas existem para as pessoas, certo? Oras! A intenção aqui então é mergulhar no consumidor por meio de um processo sério de investigação e descobrir qual o vírus presente na corrente sanguínea de consumidores extremos em relação àquele principal atributo que você elegeu como o mais importante na etapa um. Entendeu? Esse é um ponto-chave de nosso conceito. Leia e releia atentamente.

Vamos lá! Um exemplo simples: todas as donas de casa têm motivação de consumo de sabão em pó, umas usam muito, outras usam pouco, outras não usam, outras amam sabão em pós. E há uma mínima parcela de consumidoras onde esse nível de motivação é extremo. O propósito de vida dessas mulheres é retirar manchas de roupas. E demérito nenhum para ela. Ao contrário do que OMO pensava, a remoção de manchas é um instrumento de sociabilidade dessa mulher dentro da casa dela. E é assim que funciona para toda e qualquer categoria. Não pense que temos apenas pessoas viciadas em categorias como cerveja, celular, roupa, maquiagem, etc. Tem gente aficionada por sabão em pó, fertilizante, ar condicionado, esmalte, cimento, biscoito, forro de teto, agrotóxico, cirurgia plástica, chapa de aço, etc, etc. Preciso achar essas pessoas "malucas da categoria" via pesquisa exploratória e entrevistá-las, mergulhar nelas, e compreender qual a razão central que faz esses consumidores (os chamados "consumidores extremos") serem os super mega blaster fãs na adoção de sua categoria e do atributo escolhido.

Temos hoje inúmeros outros tipos de pesquisa a nossa disposição para ajudar a entender consumidores e construir discursos de marca cada vez mais bem afinados. Por mais que os antropólogos fiquem levemente enciumados, a etnografia é um método de pesquisa empírica selecionado para diversos estudos sobre marca, e sobretudo sobre entender a vida e fazer uma verdadeira imersão na cultura de seus consumidores. A etnografia trata-se de um termo complexo, que pode adquirir acepções diversas dependendo de como é apropriado por determinada área de estudo. O antropólogo britânico Edward Evans-Pritchard nos ensina que essa técnica de pesquisa pode ser livremente aplicada a qualquer projeto de pesquisa qualitativa no qual o objetivo seja prover uma descrição detalhada e profunda da vida e práticas cotidianas. Em termos mais exatos, a etnografia pode ser definida tanto como um processo e método de pesquisa qualitativa como um produto (o resultado desse processo é uma etnografia) cujo objetivo é a criação dessas descrições densas de práticas sociais de indivíduos ou redes de indivíduos, com o propósito de entender diferentes aspectos de diversas culturas. E obviamente isso pode ser muito valioso para marcas.

E hoje podemos perfeitamente levar esse potente método para ambientes online, que chamamos de netnografia. A internet é normalmente compreendida enquanto um espaço levemente distinto do offline e os estudos que seguem essa perspectiva costumam enfocar o contexto cultural dos fenômenos que ocorrem nas comunidades. Normalmente, como já foi dito, recorre-se à netnografia (ou ciberantropologia) nos projetos de marca e estudos de comunicação com abordagens referentes ao consumo, branding, marketing e aos estudos das comunidades de fãs, onde nos servimos dessa técnica para explorar redes digitais. Gosto muito do Instagram, dar um search em hashtags, olhar, fuçar, mergulhar, sempre há bons achados por lá.

Para esses consumidores ultra fanáticos, o uso de sua marca naquele atributo que você elegeu na etapa anterior é um propósito na vida dele. Nesse sentido, a pesquisa qualitativa (entrevistas em profundidade, observação empírica, captura de insights, etnografia, vivências, etc) é o ferramental absolutamente mais importante nesse processo. E esse é um processo de leva tempo, dá trabalho e custa dinheiro. No caso do ar condicionado, fomos buscar esses fanáticos pela categoria nas cidades mais quentes do Brasil, fomos para Rio de Janeiro e Cuiabá. Chegamos lá, fomos andar pela cidade, conversamos com representantes de vendas. E nos foi indicado um sujeito que havia colocado ar condicionado na casinha do seu cachorro. UAU! Esse é extremos mesmo. Ao final, identificamos a persona desses consumidores extremos como um sujeito obeso, que trabalha com TI e que mora na baixada fluminense, e evidenciamos que com ar condicionado, ele fica na sua "melhor versão para viver a vida no seu melhor". Esse foi o nosso achado! Nosso vírus! E que será explorado na comunicação na próxima etapa de nosso método.

Quando falamos sobre pesquisa de mercado, com esse viés sobre a marca, temos basicamente dois grandes tipos de pesquisa: quantitativa e qualitativa. A técnica quantitativa diz respeito a uma técnica de pesquisa que nos entrega mais precisão pois geralmente ela nos oferece números, gráficos e algo realmente mais mensurável. Usamos a pesquisa quanti geralmente para ter mais certeza na decisão sobre um preço que pretendemos vender um determinado produto, ou até mesmo para ter um panorama preliminar sobre algum determinado mercado. A quanti não nos municia de grandes achados, não nos oferece profundidade, mas nos dá precisão, o que é muito valioso também.

Uma pesquisa exploratória de inspiração etnográfica também pode ser muito útil nessa etapa. A etnografia é um método que de acordo com o antropólogo português José Ribeiro implica em "espantarmo-nos com o que nos é familiar, próximo e em tornar familiar o que inicialmente nos era estranho, estrangeiro". Trata-se de uma atividade baseada na visão muito atenta, no olhar desperto, sem julgamentos, curioso, mas sempre disponível para a surpresa, para o inesperado, para os chamamentos dos fenômenos que estamos pesquisando e analisando empiricamente. Para não correr o risco de cair em um mero voyeurismo passivo (aliás, essa é uma armadilha comum no processo de pesquisa empírica) pode ser empregado o que em etnografia se intitula, observação implicada, que integra não apenas o observado nem o observador, mas as relações desses no contexto. Sobretudo em contextos online, onde convencionou-se chamar de netnografia, trata-se de uma opção metodológica que pode ser escolhida para ter uma profundidade necessária ainda maior.

Tanto a etnografia, como a netnografia, possuem como pressuposto fundamental o fato de que os comportamentos só podem ser compreendidos no contexto social no qual estão inseridos. Tal método exige a imersão do pesquisador no contexto sociocultural a ser pesquisado. Não sabe como conduzir pesquisa? Contrate um bom freela de pesquisa que seja seu braço direito nesse processo.

Mas como estamos vendo aqui nesse capítulo, a pesquisa qualitativa é a nossa grande aliada quando falamos desse processo de construção de um posicionamento de marca, pelo fato desse tipo de investigação nos oferecer profundidade nas respostas. A pesquisa quali é baseada nos porquês, nas razões, sentimentos e crenças dos consumidores sobre determinado produto, marca, serviço ou lógica de consumo. Mas como qualquer ferramenta, temos que saber usá-la. E a pesquisa quali não é diferente. Uma coisa são as respostas que saem da boca de nossos respondentes, outra coisa são as coisas que não saem. Todo dito tem um não-dito por trás. E o nosso discernimento e nossa habilidade de pesquisa deve ser capaz de perceber e extrair esses achados que não necessariamente estão visíveis aos nossos olhos ou audíveis aos nossos ouvidos. A análise do discurso é algo que devemos exercitar sempre nesse momento. Entender quais são os verdadeiros achados localizados nas entrelinhas das falas e das respostas dos entrevistados. Faça boas perguntas, ouça mais do que fale, deixa ele desabafar, certamente alguns bons findings virão. A intenção da pesquisa quali é trazer qual o vírus que faz aquele consumidor se conectar aquela determinada categoria.

Entrevistas por telefone é algo que até funcionam bem, mas conversas presenciais costumam ser mais valiosas. Focus group é uma técnica de pesquisa que já foi muito mais usada pela indústria como um todo, e hoje cai em um certo desuso. Questionários respondidos por email ou por whatsapp até podem ser valiosos de alguma forma, mas dificilmente nos trará grande achados e insights. A pesquisa empírica, ou a simples observação de nosso consumidor, é um formato barato e que costuma trazer bons insights. Mas o pesquisador deve sempre ter como virtudes essenciais: um olhar atento e sempre desperto para a surpresa, uma postura curiosa, e juízo de valor zero. Sempre entramos em uma pesquisa com o nosso olhar, com as nossas crenças, ideologias e preconceitos. Mas tente, com todas as suas forças, isolar nossas subjetividades. Tem como ser 100% isentão e imparcial em uma pesquisa? Impossível. Mas devemos tentar ao máximo.

Nunca jamais pegue alguma informação que uma pesquisa quali nos oferece e adote aquilo como verdade absoluta. As pessoas não sabem o que querem, até o momento em que você mostre algo novo a elas, disse certa vez um sujeito chamado Steve Jobs. Até mesmo Henry Ford, há mais de 100 anos, disse que se fosse perguntar para seus consumidores o que eles queriam, certamente iriam dizer que gostariam de ter um cavalo mais veloz. Eles não gastavam nada com pesquisa quali. E revolucionaram seus mercados, cada um no seu tempo e na sua forma.

A pesquisa qualitativa não te trará tanta precisão, mas lhe trará profundidade. Selecione boas pessoas para entrevistar. Se um respondente lhe der respostas muito genérica, agradeça e descarte ele. Precisamos de boas respostas nesse momento. Elabore um bom roteiro. Ofereça um incentivo para a pessoa que você for entrevistar. Diga que tudo será tratado com total sigilo e discrição. Diga o tempo que irá durar a conversa. Ouça atentamente. Tente capturar as entrelinhas. Ali onde residem os bons achados. Encontre o insisght (a Unilever chama isso de "verdade humana") que perpassa pela boca de todos esses consumidores extremos. Isole esse vírus!

Etapa 3

ENCONTRE SEU PROPÓSITO DE MARCA (DEFINA UM SLOGAN)

Nessa etapa fundamental, o ponto central é: pegar o tal vírus (ou a "verdade humana") capturado na etapa anterior e empacotá-la com um discurso publicitário da comunicação. A missão aqui é encontrar o propósito da marca. Ou seja, desenvolver uma frase de efeito, impactante e que dê uma razão forte para o consumidor que a marca deve ser consumida por ele. O consumidor ao ser impactado pela comunicação deverá compreender que nós entendemos a vida dele. A intenção aqui é chegarmos um slogan. E o slogan pode sim ser entendedido como o empacotamento discursivo e narrativo do posicionamento da marca. É o micro-discurso do consumo. E muito mais do que chegarmos em uma frase forte, essa frase deve ser um mantra que irá guiar e direcionar todos os esforços da empresa daqui pra frente. Bons posicionamentos transcendem esse viés publicitário e viram uma espécie dedeclaração, e aqui podemos recorrer ao clássico exemplo do atemporal e genial JUST DO IT de Nike. No Festival de Cannes de 2019, quando esse slogan completou 30 anos de vida, ele ganhou diversos novos significados, diversas nocas facetas e ainda é um posicionamento marcante. Ganhou leões!

  O slogan (ou o propósito) de Rexona ficou como "Não te abandona", assim como outros famosos: "Prepare seu coração" de BECEL, "Adidas is all in" de ADIDAS, "Go further" de FORD, "Think different" da APPLE, "A vida pede mais que um banco" da CAIXA, ou então o lindo "O amargo transforma" da Nova Água Tônica Antarctica. Como já foi dito, e vale ressaltar, alguns slogans são tão fortes que transcendem o mero processo discursivo do marketing: o "Just do it" de NIKE é uma declaração, é a razão de ser de seus consumidores. Ou então outros clássicos que ainda residem na boca de consumidores: "não é uma Brastemp", "Você conhece, você confia", "Não dá pra não ler".

Schneider Eletric	Life is on
Close Up	Liberte seu beijo
Trident	Masca que relaxa
Kleenex	Someone needs one
Listerine	Solta esse monstro
Evian	Live young
Marisa	Vem provar
Novalgina	O poder do colo
Açaí Frooty	Simplesmente sinta
Guaraná Antarctica	É coisa nossa!
Red Bull	Te dá asas
Cappriche	Que a vida dá gosto
Votorantim	Produzir é uma arte
Apple	Think different
Yourself	The better you

Repare que há algo em comum entre todos esses slogans aqui mencionados, ou seja, há um fio condutor que perpassa pelo discurso de todas essas marcas: todas elas estão falando conosco, todas as marcas estão tentando nos dar uma razão e tocar as nossas vidas. Todas elas entenderam o papel delas na vida de seus consumidores. Frases boas, frases curtas, impactantes e diretas.

Por um outro lado, discursos de marcas como "Se é Bayer é bom" ou então "Preço melhor ninguém faz" são posicionamentos que tendem a cair por terra hoje em dia, pelo simples fato de serem frágeis e falarem sobre si mesmas. Eles não tocam a nossa vida, percebe? (pelo menos discursivamente falando). Claro que, como são marcas que cacarejam (desculpe o termo) o tempo todo, são slogans que fixam na nossa mente de uma forma adesiva. Mas conceitualmente falando, tende a não ser é a melhor escolha. As marcas têm que falar com a gente! Quer desenvolver um bom slogan? Primeiro: contrate um bom redator, ou seja, alguém que escreva bem mesmo, e saiba traduzir em palavras a verdade humana da marca. Quer uma dica? Leia os livros de redação publicitária de João Carrascoza da ESPM.

E muito mais do que uma frase forte, sintética, impactante e que empacote bem o seu insight de pesquisa, a mensagem central do slogan deverá nortear todas as ações da marca daqui pra frente. Como iremos ver na etapa seguinte. Chegou a hora de colocar esse slogan na rua.

Etapa 4

MUITA CONSISTÊNCIA NA EXECUÇÃO

A intenção aqui é executar esse propósito da marca. Ou seja, nessa etapa, a missão é desdobrar o posicionamento da marca em todos os pontos de contato, que devem refletir esse posicionamento. Devemos ter sempre em mente que tudo comunica a minha marca. E em um contexto que falamos de excesso e saturação publicitária, se formos adotar um tom de voz em cada touch-point, não apenas iremos jogar dinheiro fora, mas como também corremos o sério risco de construir marca para o líder da categoria (que geralmente não é a nossa marca). Chegou a hora de sermos os guardiões da marca, ou seja, seremos os fiscais para garantir que todos os pontos de contato falem a mesma língua. Tudo deve comunicar o posicionamento de marca: a minha presença digital, a ambientação do minha loja, as ações de endobranding para meus funcionários, o tom das minhas campanhas de propaganda, as imagens que seleciono para postar no Instagram da empresa, o jeito como trato meus fornecedores, como vou treinar o speech de meu time de 0800, a postura dos meus vendedores, a cor que irei pintar os meus caminhões, o meu design, ações de PR, promoção, ou seja, simplesmente tudo deve falar a mesma língua, o mesmo tom, a mesma mensagem. É aqui nessa etapa onde muitas marcas pecam. Geralmente, vemos marcas começando por essa etapa. Muitas empresas pensam que mexer na identidade visual e/ou criar um logotipo como o início do processo, e isso apenas é o final da história, é o tático, é a execução, e deve obedecer ao processo de posicionamento, deve ser um reflexo de seu propósito. Veja no Google como é o logotipo de OMO, uma "manchinha divertida" e alinhado com o posicionamento da marca "porque se sujar faz bem".

Muitas marcas aqui caem em uma armadilha perigosa. Saem fazendo coisas no digital (e até com a melhor intenção do mundo) e saem criando estratégias e iniciativas no Facebook, e não se dão conta que tudo o que faço nesses ambientes online deve estar 100% obediente a um mote de um posicionamento da minha marca. Sem querer você pode estar se apropriando de um território que não é seu, ou de uma conversa que seu concorrente já abraçou como fortaleza histórica. Por exemplo, Microsoft quando decide abrir lojas no varejo norte-americano com bancadas de madeira e vendedores gente boa se achando geek descoladão, estão fazendo propaganda de graça para a Apple. A prova disso foi quando McDonald's astutamente "roubou" o sabor Ovomaltine do Milkshake do Bob's. Sabe o que aconteceu? McDonald's fez barulho sobre isso, mas aumentou vendas do Milkshake do Bob's. Tóin!

Quando falamos sobre a execução de um posicionamento por meio do uso de celebridades, é onde vemos os erros mais crassos. Vamos a alguns exemplos. Reinaldo Gianechinni já esteve como seu rosto na campanha do Banco do Brasil e do site de empregos Catho. Neymar foi utilizado em campanhas recentes de Lupo, Nextel, Baruel, Claro, Panasonic, Cerveja Proibida, Guaraná Antarctica, Santander, Unilever, Nike e Volkswagem Gol. O global Luciano Huck já esteve com Centrum, XP Investimentos e Banco Itaú. Ivete Sangalo foi garota-propaganda de onze campanhas: L'Oréal, Avon, TAM, VIVO, Schincariol, Giraffas, Insinuante, Governo da Bahia, Credicard Hall, Conselho Nacional de Procuradores, Tramontina, entre outras. Rodrigo Faro estampou as campanhas da Seara, Arcor, City Lar, Oral B e das câmeras Cybershot da Sony. Já Gisele Bündchen estrelou campanhas para C&A, ONU, P&G e Sky e, curiosamente, a modelo sempre lidera a lista das celebridades mais vistas na publicidade.

Sim, todos eles atraem consumidores para essas marcas, e com isso enchem seus bolsos com cachês advindos dos gordos orçamentos de marketing das marcas. E ao observarmos esse vasto cardápio de marcas e as suas celebridades escolhidas a dedo, percebemos que a maioria delas escolhem nomes que simplesmente estão em evidência no momento. Sendo que deveriam sim escolher pela evidência logicamente, mas principalmente também pelo nível de conexão que a celebridade dialoga com seu respectivo público-alvo, e mais que isso, o quanto o DNA da marca está alinhado com o DNA da celebridade. Aliás essa última variável deveria ser o principal critério de seleção de uma celebridade para protagonizar a campanha de uma marca.

A marca-ícone Louis Vuitton, que atua no segmento de moda há décadas, nunca tinha feito campanhas em mídias mais tradicionais. Mas no início dos anos 2000 começou a fazer. Escolheu, de forma cirúrgica pessoas como Madonna, Francis Ford Coppola e sua filha Sophia Coppola, Bono, Maradona, Zidanne, Keith Richards, Pelé, Sean Connery, Angelina Jolie e até mesmo o ex-líder soviético Mikhail Gorbachev. O que todos têm em comum? Um perfeito e impecável alinhamento de DNA com a marca francesa. Todas são pessoas ícones no que fazem, e são raramente vistas em campanhas publicitárias, e emprestam uma série de atributos interessantes para a LV. A marca de cafés especiais da Nestlé, a Nespresso, também faz um trabalho impecável nesse sentido. George Clooney é a perfeita personificação da marca. Um homem meia idade, sóbrio, grisalho, charmosão, discreto, ou seja, exatamente os mesmo valores que estão presentes no DNA da boutique de cafés espressos em cápsulas.

No entanto, o que observamos, de forma mais latente aqui no Brasil, são marcas se associando a influenciadores e artistas simplesmente pela suposta potência midiática que ele carrega, e não pelo perfeito alinhamento da essência de ambas as partes. Associar marcas a celebridade é uma prática antiga. O uso de celebridades-ícones sempre foi muito habitual. A atriz Michele Pfifer com a marca Lux Luxo nos anos 80, Cindy Crawford com a marca Rolex nos anos 90, e mais recentemente Gisele Bundchen associando sua imagem a marca como Colcci e Pantene. Elas possuem uma aura mítica, bela e sedutora sempre desejável, afinal a beleza pode ser um prenúncio da felicidade. Uma marca quando toma a decisão de se associar a uma celebridade está claramente assumindo riscos em nome de um calculado ganho exponencial de lembrança de marca e que, logicamente, se reverte em vendas.

    Construção de marca é longo prazo, é consistência, é paixão aos detalhes. E não simplesmente pegar os artistas do momento e usá-lo como endosso para a marca. E o mais surpreendente nessa história é que, quando uma empresa escolhe uma celebridade simplesmente pela suposta exposição que ela tem de arrebanhar consumidores e não pela sinergia das duas partes, percebemos que não há um processo consistente de branding. Mais que isso, há um processo de desconstrução da marca. Na verdade, constroem marca sim, mas para o líder de categoria, não para elas mesmas.

Etapa 5

CONSTRUÇÃO DE MARCA

É OBSESSÃO PELOS DETALHES

Passada essas quatro etapas, agora é garantir que tudo seja executado com excelência e com obsessão aos detalhes. Muito mais difícil do que se posicionar uma marca, é garantir que a execução de um posicionamento seja verdadeira, consistente e relevante. Marca se constrói no detalhe. Olhar o básico tudo mundo olha. Mas construir marca é ter paixão pelos detalhes. É ir no detalhe do detalhe do detalhe. Por isso, um gestor de marca deve ser o guardião de todo esse processo e deve responder para o CEO da companhia. Branding não é uma agenda de marketing unicamente. Branding é uma agenda do CEO, é uma agenda de RH, de Marketing, de Finanças, de Compras, é uma agenda de toda a empresa. Tudo comunica a marca. E lembrando que esse é um processo interminável.

    E o esforço de pesquisa e investigação deve ser algo perene. Devemos sempre monitorar com pesquisa e acompanhar junto ao consumidor se o posicionamento que adotamos está sendo percebido e decodificado da forma que desejamos. Por exemplo, a marca BankBoston, que era um banco premium dos anos 2000, se posicionava como um banco "simplesmente primeira classe" e executava esse posicionamento com maestria e extrema atenção aos detalhes. No entanto, em uma de suas inúmeras pesquisas de monitoramento detectou-se que a comunicação da marca era vista de forma meio arrogante e prepotente por alguns consumidores. Isso é muito grave e deve ser combatido. Foi feito todo um trabalho de (re)posicionamento para minimizar/eliminar essa percepção ruim.

WARNING: BRANDING!

Muito cuidado quando se lê o termo "Branding" por aí. De cada dez empresas que usam esse bonito termo no seu nome hoje em dia, quatro delas talvez sejam empresas de pesquisa, quatro provavelmente são agências de design, uma certamente não sabe o que faz, e talvez apenas uma trabalhe efetivamente com Branding. Lembrando que a pesquisa de mercado e o design podem ser, e geralmente são, importantes atividades do processo de Branding, mas construção de marca é um conceito um pouco mais amplo.

Papo reto! Branding nada mais é que uma postura empresarial, ou uma filosofia de gestão que coloca a marca no centro de todas as decisões da organização. Branding é um jeito de se pensar processos de negócio dentro de uma companhia. Lembrando que a marca vai muito além daquele símbolo no topo da sua loja, ou aquele logo no canto superior esquerdo de seu site. A sua marca é o sentimento que seus consumidores têm por você. A marca é um acordo tácito que se estabelece entre empresas e pessoas. E uma marca é composta por dezenas de elementos identitários e discursivos: nome, símbolo, slogan, mascote, fama, tradição, história, jingle, embalagem, reputação, entre outros. Nosso desafio, como donos de marcas, é: como calibrar todos esses elementos, no sentido que todos estejam devidamente alinhados com um posicionamento, e isso gere força para sua marca. As marcas fortes são aquelas que tocam a vida das pessoas, ou seja, são aquelas que entendem o seu propósito dando uma razão para a vida de seus consumidores.

E a importância estratégica de se fazer uma devida gestão de sua marca torna-se um dos desafios mais vitais no atual contexto empresarial. Seja qual for a indústria, tipo de cliente, segmento de mercado, país de atuação, as estratégias de Branding devem ser cada vez mais encaradas como um dos passos mais importantes no processo de gestão de uma empresa. Fazer um trabalho de branding, ou seja, efetuar um trabalho de construção de relevância de marca, gera diferenciação. Importante lembrar que a implementação de uma cultura de branding não é uma agenda de marketing, como vemos nas poucas empresas de entendem isso no Brasil. Branding deve estar na agenda do CEO da companhia, tamanha a importância de se enxergar a marca como esse ativo estratégico e com riqueza de significado. Um trabalho de branding bem executado gera reverberações em todos os departamentos de uma companhia, na vida de seus clientes, de seus colaboradores, seus fornecedores, do seu país.

Basicamente, o branding prega que as interferências sobre uma marca devem ser cuidadosamente planejadas e executadas, e ações de branding bem ou malsucedidas são automaticamente sentidas e refletidas na imagem que uma marca tem na mente do consumidor. E todos os passos que sua marca dá devem sempre levar em conta resultados de longo prazo, pois uma marca não constrói em semanas, ou em seis meses, uma marca se consolida em anos e décadas de um trabalho consistente.

Puxando a brasa para o nosso contexto brasileiro, vemos que pouquíssimas marcas praticam o branding em sua forma mais plena. A forte concorrência e uma exigência cada vez maior dos consumidores no Brasil, força os empresários e não insistirem em uma identidade única por muito tempo. De seis em seis meses, as marcas adquirem uma cara nova, um posicionamento novo e associações novas. Todos esses movimentos até podem ser muito bem-intencionados logicamente, mas vão ao contrário do que prega o branding. Todo mundo quer ver resultados rápidos, claro. Mas geralmente não funcionam na mesma velocidade e ansiedade que o mercado responde.

O branding prega que tudo comunica a sua marca. Por exemplo, a forma como seus funcionários se vestem está comunicando sua marca, o jeito que sua recepcionista atende o telefone está comunicando sua marca, o que você conversa sobre a empresa com seu colega durante um chope está comunicando sua marca, ou seja, absolutamente tudo comunica a sua marca. E vender a filosofia do branding, ou seja, inserir no chip de um empresário brasileiro toda essa importância que uma marca representa é um dos desafios mais árduos que se vê nos dias de hoje.

Todos querem uma marca forte que conquiste o coração de seus stakeholders e não podemos esquecer, de forma alguma, que o principal stakeholder de uma empresa é o seu capital humano – seu grupo de colaboradores –, que será encarregado de levar os valores da empresa para fora. Além de cativar o coração dos clientes finais, uma marca bem construída conquista também o coração dos que procuram um bom lugar para trabalhar e das pessoas que já fazem parte do time da empresa. Os funcionários serão os mais importantes advogados de defesa da marca muito antes dos clientes terem contato com ela.

Fazer Branding não é exclusividade de grandes e prestigiadas empresas multinacionais. É perfeitamente possível praticamente o branding em pequenas e médias empresas, ou seja, a esmagadora maioria das empresas do Brasil. Fazer branding é simplesmente entender que tudo comunica a marca e ter paixão aos detalhes, desde conferir se há pó nas plantas de sua loja (não pode ter) e se o esmalte de sua recepcionista está descascado (não pode estar). Branding é paixão aos detalhes, é ter obsessão pelos detalhes. Pense nisso!

POSFÁCIO

Por Alexandre Salvador

Os detalhes fazem as marcas

Tenho duas filhas lindas, gêmeas idênticas, a Isa e a Bia. A Isa já declarou que quer ser artista e vive desenhando, pintando e dançando. Tem cabelinho long bob com uma franja impecável que serve de moldura para um olhar doce e delicado. Princesa do ballet. De tanto desenhar, já está ficando com um calinho no dedo médio. A Bia é uma macaca. Vive correndo, pulando e caindo. Com cabelo na cara, olho arregalado e voz forte, ocupa os espaços onde chega. Rainha do judô. Os joelhos e os cotovelos já começam a mostrar cicatrizes da guerra.

São duas crianças criativas, dóceis, ativas, carinhosas e fortes. As duas dançam ballet, nadam e lutam judô, desenham, correm, gritam, dançam e cantam (as duas cantam mal, é verdade). As diferenças estão nos detalhes e nas manifestações mais fortes. Justamente pelos detalhes e manifestações que elas são reconhecidas.

Assim como a Isa e Bia, produtos podem ser muito semelhantes entre si e se diferenciar apenas pelos detalhes expressos por meio de suas manifestações, formando assim marcas com imagens diferentes.

Gosto de pensar em marcas como atalhos de comunicação entre entidades ofertantes e mercados, todos inseridos em um contexto social. Na sociedade contemporânea, o estrategista de marca perdeu o papel de proprietário das marcas e se tornou o planejador e principal influenciador na construção de significados. A sociedade que anteriormente era uma audiência passiva, assumiu o papel de comunicador, produzindo e veiculando mensagens de marca a partir de seus referenciais.

A gestão da marca contemporânea ficou mais complexa, e o desafio do estrategista de marcas passa então a ser construir a identidade de marca, definir a imagem pretendida da marca, propor seu posicionamento e orquestrar a ampla gama de manifestações de marcas, sejam essas sob seu controle ou influência. Em seu papel de gestor de marca lhe cabe o desafio de gerenciar o negócio de forma a atender os objetivos corporativos por meio do atendimento das necessidades mal atendidas dos mercados. Mais do que isso, lhe cabe o desafio de monitorar as manifestações não alinhadas ao projeto da marca e minimizar seus impactos negativos ao patrimônio da marca.

Conheci o Hiller em 2012 e ele influenciou muito minha visão de marca e minha paixão pelo tema. Ele é um entusiasta, defensor da relevância e da coerência. Concordo quando ele argumenta que a gestão de marketing no mundo contemporânea está mais desafiadora. Acreditamos que os bons princípios de conceitos de branding continuam perenes, mas as ferramentas do mix de marketing mudam constantemente, exigindo muita atualização, senso crítico e capacidade de discernimento dos apaixonados por marca.

Assim como não existe um dia igual ao outro com a Bia e a Isa, a vida do estrategista de marca é intensa e cheia de novidades e surpresas. Bons princípios, planejamento e cuidado na execução são fundamentais, mas o resultado final não depende apenas de nossos esforços, felizmente.

Alexandre Salvador é Mestre e Doutor em Marketing | FEA-USP e Coordenador do MBA Executivo de Marketing | ESPM.

DEPOIMENTOS
DE PESSOAS INCRÍVEIS QUE JÁ LERAM ESSE LIVRO

"

Falar de branding e consumo nos dias atuais é assunto para especialistas como Marcos Hiller. Vivemos a era da conectividade, da interatividade e do prosumer (como diz Alvin Toffler), o indivíduo que exerce, simultaneamente, os papéis de produtor e consumidor, tanto na cadeia produtiva como no fluxo de comunicação e produção de conteúdo. Hoje todo mundo é jornalista, influenciador, opinion maker...
Nesse contexto, as marcas enfrentam um cenário muito mais desafiador, com centenas de críticos por metro quadrado, e exposição em diversas plataformas que multiplicam rapidamente, para o bem ou para o mal, qualquer assunto que desperte a atenção do público em geral. Pensar o todo, com um olhar holístico, é obrigação de quem trabalha com branding. Entender as mídias sociais e como trabalhar cada uma delas para potencializar os resultados, em conjunto com as mídias tradicionais, é o desafio, destacando o foco em customização e relação emocional. Tudo isso é traduzido com simplicidade e clareza no texto deste livro, escrito por quem vivencia o branding 24 por 7. Recomendo."

Vania Ciorlia é Vice-Presidente Executiva | Ketchum

"

Estudei na ESPM nos anos 80, lá na 13 de maio no Bairro da Bela Vista em São Paulo. Lá se foram 3 décadas! Meu livro de cabeceira, em uma era sem internet e redes sociais, era o Relatório de Faith Popcorn que, segundo algumas resenhas, exerce uma profissão "supermoderna": Faith detecta tendências de consumo e vende essas informações a indústrias que irão vender a todos nós as coisas que Faith previu. O livro do Hiller traz luz ao protagonismo do consumidor nos dias atuais. Nesta era de "perenials" onde o que conta é o vínculo emocional que as marcas constroem com seus públicos, cola no Hiller e não deixe de assistir suas palestras instigantes."

Mariângela Klein é Diretora de Marketing Segmento Luxo | Grupo Accor

"Sinto-me privilegiado em poder compartilhar meu olhar sobre esse rico manual sobre o universo das marcas, que sabemos ser apenas a ponta do iceberg e que, sem dúvida, nos proporciona uma leitura que além de nos trazer um olhar lúcido, nos mostra o início do caminho que devemos percorrer para construir uma marca de forma relevante. De uma forma simples e parcial, essa leitura me proporcionou refletir como nos relacionamos com as marcas no cenário contemporâneo. Um olhar que gera uma reflexão de que precisamos entender o mundo atual que vivemos para criar uma marca com propósito estabelecido. E ninguém melhor que meu amigo Hiller para nos provocar com esse tema"

Felipe Jacoto é CEO e Diretor de Arte | Fluix Comunicação

"

Discutir relevância de marca na era da mutação e inconstância do consumidor é um desafio destinado aqueles que se dedicam integralmente a esta função. A revolução digital torna a informação perecível e vulnerável a credibilidade e aceitação dos consumidores. Este livro é um convite a reflexão e resgate de valore e princípios do marketing, onde o consumidor é o centro. Olhar para o mercado e para os pequenos detalhes de hábitos e atitudes faz com que a verdade e propósito da marca prevaleçam. É necessário vender e produzir relevância para quem consome, pois só assim, é possível deixar de vender o produto por si só, e passar a vender a marca e o propósito, como é caso de vários dos cases citados neste livro. Leitura prazerosa e obrigatória, recomendo!"

Laís Trevizano é Makeup Product Brand Manager | AVON

www.ingramcontent.com/pod-product-compliance
Lightning Source LLC
Chambersburg PA
CBHW030730180526
45157CB00008BA/3121